CORNELIA SCHINHARL

BAYERISCH KOCHEN

klassisch und modern, einfach guad

FOTOGRAFIE: MATHIAS NEUBAUER, COCO LANG

INHALT

Öffnen Sie die Klappen dieses Buches.
Dort finden Sie die wichtigsten Infos zum Thema auf einen Blick!

DAS PRINZIP:
BAYERISCH
KOCHEN

DIE PERFEKTE
KOMBI

Immer griffbereit:

SO GEHT'S:
SEMMELKNÖDEL
ZUBEREITEN

Immer griffbereit:

SO GEHT'S:
STRUDELTEIG
ZUBEREITEN

**GU
CLOU**

Wussten Sie schon, dass ...?
Entdecken Sie bei einigen ausgewähl-
ten Rezepten ganz besondere Tipps
mit verblüffendem Insiderwissen.
Aha-Momente garantiert!

Mit diesem Symbol sind alle vegetarischen
Gerichte gekennzeichnet.

Die Backzeiten können je nach Herd variie-
ren. Unsere Temperaturangaben beziehen
sich auf das Backen im Elektroherd mit
Ober- und Unterhitze.

Sammeln Ihrer Lieblingsrezepte
mit der »GU Kochen Plus«-App
(siehe S. 64)

REZEPTKAPITEL

06 BROTZEIT, SUPPEN & SALATE

20 HAUPTGERICHTE & BEILAGEN

46 SÜSSSPEISEN & GEBÄCK

CORNELIA SCHINHARL

Denkt unsere Autorin an die bayerische Küche, geht ihr das Herz auf. Deftig und gemütlich geht's dort zu, vor allem unter schattigen Kastanienbäumen in den Biergärten und in urigen Wirtshäusern. Kindheitserinnerungen werden wach, und zwar an viel mehr als Schweinebraten und Reiberdatschi.

Was gab's denn bei euch daheim?

Vor allem meine Oma hat sich noch viel Zeit genommen zum Kochen, so gab es bei uns von Krautwickerln über Reiberdatschi mit Sauerkraut oder Apfelmus, Schupfnudeln und Kartoffelschmarrn mit Salat oder Gemüse auch mal einen Apfelstrudel oder Kaiserschmarrn als Hauptgericht und am Sonntag dann einen schönen Braten.

Welche Rolle spielen die Zutaten?

Weil viele bayerische Spezialitäten mit einer Handvoll Zutaten auskommen, ist ihre Qualität besonders wichtig. Ich gehe deshalb zum Metzger, der weiß, woher das Fleisch kommt, und der auf Regionalität achtet. Fisch kaufe ich am liebsten aus der Nähe und aus dem Süßwasser. Und

bei Kartoffeln, Gemüse und Salat mag ich auch am liebsten Wochenmärkte und regionale Märkte mit kleinen Produzenten, die ihre eigenen Waren anbieten.

Wird alles traditionell zubereitet?

Einen Schweinebraten kann man eigentlich nicht besser machen als unsere Großeltern das schon getan haben. Aber in den Kartoffelsalat kommt bei mir immer etwas frisches Grün mit hinein. Den Selleriesalat habe ich mit einem Apfel »erfrischt« und die Rahmschwammerl kommen bei mir mit wenig Mehl aus. Aber im Grunde koche ich sehr nah an der Tradition, denn die bayerische Küche ist schon von Haus aus sehr abwechslungsreich und also auch gesund und bekömmlich!

MEIN LIEBLINGS-BLITZREZEPT: WURSTSALAT MIT 5 ZUTATEN

400 g Fleischwurst oder Regensburger häuten und die Wurst in dünne Scheiben schneiden.

1 milde weiße Zwiebel schälen, vierteln und in feine Streifen schneiden.

1 Bund Schnittlauch abbrausen, trocken schütteln und in feine Röllchen schneiden.

2 EL Apfelessig mit Salz und Pfeffer verrühren. Dann 2 EL Öl unterschlagen.

Die Wurstscheiben in einer Schüssel mit den Zwiebelstreifen, den Schnittlauchröllchen und der Sauce mischen und den Wurstsalat abschmecken.

BROTZEIT, SUPPEN & SALATE

Für 4 Personen • 20 Min. Zubereitung • Pro Portion ca. 320 kcal, 15 g E, 27 g F, 3 g KH

OBAZDA 🍃

DEFTIGER BIERGARTENKLASSIKER

1 milde weiße Zwiebel
Salz
250 g sehr reifer Camembert
50 g weiche Butter
50 g Sahne
1 EL saure Sahne (etwa 25 g)
2 TL edelsüßes Paprikapulver
1 TL rosenscharfes Paprika-
* pulver*
1 Prise gemahlener Kümmel

1 Die Zwiebel schälen und halbieren. Eine Hälfte in feine Streifen schneiden und in einer kleinen Schüssel mit etwas Salz mischen. Die andere Zwiebelhälfte fein würfeln.

2 Den Camembert mitsamt der Rinde würfeln. Die Butter ebenfalls würfeln, mit dem Camembert in eine Schüssel geben und mit einer Gabel fein zerdrücken. Die Sahne und die saure Sahne untermischen und die Zwiebelwürfel gründlich unterrühren.

3 Alles mit beiden Sorten Paprikapulver, Kümmel und Salz würzen. Den Obazden abschmecken, vor dem Servieren mit den Zwiebelstreifen und nach Belieben mit etwas Paprikapulver bestreuen. Dazu schmecken knusprige Brezen.

Für 4 Personen • 15 Min. Zubereitung • 25 Min. Garen • Pro Portion ca. 120 kcal, 6 g E, 4 g F, 13 g KH

ERDÄPFELKAS

GÜNSTIGES FÜRS BROTZEITBREDL

*300 g vorwiegend festkochende
   Kartoffeln
1 milde Zwiebel
Salz
½ TL Kümmel
1 kleine Gewürzgurke
100 g Quark
150 g saure Sahne
Pfeffer
1 kleines Bund Schnittlauch*

1 Die Kartoffeln gründlich waschen, in einem Topf mit Wasser bedeckt in ca. 25 Min. weich kochen, abgießen und etwas ausdampfen lassen. Noch warm pellen und durch die Kartoffelpresse in eine Schüssel drücken.

2 Die Zwiebel schälen, fein würfeln und in einer kleinen Schüssel mit etwas Salz mischen. Den Kümmel im Mörser so fein wie möglich zerstoßen. Die Gewürzgurke fein würfeln.

3 Zwiebel- und Gurkenwürfel mit dem Kümmel, dem Quark und der sauren Sahne unter die Kartoffeln mischen und alles mit Salz und Pfeffer würzen. Den Schnittlauch waschen, trocken schütteln und in feine Röllchen schneiden. Den Erdäpfelkas abschmecken, mit Schnittlauch bestreuen und servieren.

Für 4 Personen • 30 Min. Zubereitung • 1,5 Std. Garen • 30 Min. Ruhen • Pro Portion ca. 360 kcal, 22 g E, 22 g F, 19 g KH

GRIESSNOCKERLSUPPE

GSCHMACKIGER SEELENWÄRMER

FÜR DIE BRÜHE

500 g Suppenknochen
600 g Rindfleisch zum Sieden
   (z. B. Wade oder Querrippe)
Salz, Pfeffer
2 Zwiebeln
1 EL Öl
2 l heißes Wasser
1 Bund Suppengrün
2 Lorbeerblätter

FÜR DIE NOCKERL

50 g weiche Butter
Salz, Pfeffer
1 Ei (M)
1 Eigelb (M)
100 g Hartweizengrieß
frisch geriebene Muskatnuss

AUSSERDEM

1 Bund Schnittlauch

AROMAKICK

Die Brühe bekommt besonders viel Aroma, wenn man das Fleisch kurz anbrät. Es schmeckt sehr gut als Salat oder im Gröstl.

BRÜHE: Die Suppenknochen kalt abbrausen und abtropfen lassen. Das Fleisch trocken tupfen und mit Salz und Pfeffer würzen. Die Zwiebeln waschen und mitsamt der Schale halbieren. In einem großen Topf das Öl erhitzen und die Zwiebeln mit den Schnittflächen nach unten darin goldbraun rösten. Beiseiteschieben und das Fleisch sowie die Knochen kurz mit anbraten. Alles mit 2 l heißem Wasser aufgießen und zum Kochen bringen. Das Suppengrün waschen oder schälen, grob würfeln und mit den Lorbeerblättern zum Fleisch geben. Alles leicht salzen und das Fleisch halb zugedeckt ca. 1,5 Std. bei niedriger Hitze sieden, bis es weich ist.

NOCKERL: Die Butter mit Salz und Pfeffer cremig rühren. Das Ei und das Eigelb unterrühren, dann den Grieß untermischen und alles mit 1 kräftigen Prise Muskat würzen. Den Teig ca. 30 Min. quellen lassen. In einem Topf reichlich Wasser zum Kochen bringen und salzen. Von der Grießmasse mit zwei in kaltes Wasser getauchten Teelöffeln 1 Probenockerl abstechen und in das siedende Salzwasser geben. Wenn es seine Form behält, vom übrigen Teig ebenso Nockerl abstechen und in ca. 5 Min. bei niedriger Hitze gar ziehen lassen, anschließend abschmecken.

FERTIGSTELLEN: Den Schnittlauch abbrausen, trocken schütteln und in Röllchen schneiden. Die Nockerl mit dem Schaumlöffel herausheben, in Suppenteller verteilen, mit der Brühe übergießen, mit Schnittlauch bestreuen und servieren.

LEBERSPÄTZLESUPPE

WIRTSHAUSKLASSIKER

150 g Kalbsleber
1 kleine Zwiebel
1 EL Butter
½ Bund Petersilie
1 Ei (M)
35 g Mehl
½ TL getrockneter Majoran
Salz
Pfeffer
frisch geriebene Muskatnuss
1 l Fleischbrühe

AUSSERDEM
½ Bund Schnittlauch

TAUSCH-TIPP

Es muss nicht immer Kalbsleber sein. Genauso gut schmecken die Spätzle mit Geflügelleber oder auch mit Schweineleber, am besten jeweils in Bioqualität.

1 Die Kalbsleber abbrausen, trocken tupfen und alle Häutchen und Röhren entfernen (Bild 1). Dann die Leber sehr fein hacken oder in der Küchenmaschine fein zerkleinern (Bild 2). Die Zwiebel schälen und sehr fein hacken.

2 Die Butter in einem Topf erhitzen und die Zwiebel darin bei niedriger Hitze in ca. 5 Min. weich garen, aber nicht bräunen (Bild 3), dann beiseitestellen. Die Petersilie waschen, trocken schütteln und die Blättchen sehr fein hacken.

3 Die Leber mit der Zwiebel, der Petersilie, dem Ei und dem Mehl gründlich verrühren (Bild 4) und mit Majoran, Salz, Pfeffer und Muskat würzen. Die Masse abschmecken und ca. 15 Min. quellen lassen.

4 In einem Topf die Fleischbrühe erhitzen. In einem zweiten Topf reichlich Wasser zum Kochen bringen und salzen. Die Lebermasse durch den Spätzlehobel portionsweise in das Salzwasser hobeln (Bild 5) und darin 1 bis 2 Min. köcheln lassen.

5 Die Leberspätzle in ein Sieb abgießen, kurz kalt abschrecken und in die heiße Brühe geben. Den Schnittlauch abbrausen, trocken schütteln und in feine Röllchen schneiden. Die Leberspätzlesuppe in tiefe Teller verteilen, mit Schnittlauch bestreuen und servieren (Bild 6).

Für 4 Personen • 25 Min. Zubereitung • Pro Portion ca. 425 kcal, 19 g E, 29 g F, 18 g KH

ALLGÄUER KÄSESUPPE

SCHNELLER GAUMENSCHMEICHLER

2 Zwiebeln
200 g Alpkäse
2 Scheiben Mischbrot oder
 Bauernbrot
3 EL Butter
1 gestr. EL Mehl
700 ml Gemüsebrühe
100 ml Milch
150 g saure Sahne
1 TL Zitronensaft
Salz
Pfeffer
frisch geriebene Muskatnuss
1 EL Schnittlauchröllchen

1 Die Zwiebeln schälen und fein würfeln. Den Käse entrinden und fein reiben. Die Brotscheiben ca. 1 cm groß würfeln.

2 In einem Suppentopf 1 EL Butter zerlassen und die Brotwürfel darin ringsum goldbraun und knusprig braten. Dann die Brotwürfel herausnehmen und beiseitestellen. Die restliche Butter in dem Topf erhitzen und die Zwiebeln darin hell anschwitzen. Das Mehl darüberstäuben und unter Rühren kurz mitanschwitzen. Alles mit der Brühe und der Milch aufgießen, zum Kochen bringen und offen ca. 5 Min. köcheln lassen.

3 Den Käse zugeben und unter Rühren in der Suppe schmelzen. Dann 120 g saure Sahne und den Zitronensaft unterziehen und alles mit Salz, Pfeffer und Muskat würzen. Die Suppe abschmecken, in Teller verteilen und die übrige saure Sahne einrühren. Suppe mit Pfeffer übermahlen und mit Brotwürfeln und Schnittlauch bestreut servieren.

Für 4 Personen • 25 Min. Zubereitung • Pro Portion ca. 340 kcal, 11 g E, 17 g F, 34 g KH

BREZENSUPPE MIT KRÄUTERN

RUSTIKALE RESTEVERWERTUNG

4 Brezen (vom Vortag)
1 große Zwiebel
1 Bund gemischte Kräuter, z. B.
    für grüne Sauce
3 EL Butter
1 l Fleischbrühe (oder Gemüse-
    brühe für eine vegetarische
    Variante)
Salz
Pfeffer
3 EL Sahne
1 Eigelb (M)

1 Die Brezen von grobem Salz befreien und in dünne Scheiben schneiden. Die Zwiebel schälen und fein würfeln. Die Kräuter abbrausen, trocken schütteln, die Blätter von den Stängeln zupfen und etwa ein Drittel für die Garnitur beiseitelegen, den Rest fein hacken.

2 Die Hälfte der Butter in einem Suppentopf zerlassen und die Brezenscheiben darin knusprig braten. Herausnehmen und die gerösteten Brezenscheiben auf vier Suppenteller verteilen. In dem Topf die übrige Butter erhitzen, die Zwiebelwürfel darin hell anschwitzen, mit der Brühe auffüllen und ca. 5 Min. köcheln lassen.

3 Gehackte Kräuter einstreuen und alles mit Salz und Pfeffer würzen. Sahne und Eigelb verquirlen, in die Suppe rühren, diese damit leicht binden, aber nicht mehr kochen lassen. Die Suppe abschmecken, die Brezenscheiben damit übergießen und kurz ziehen lassen. Die Brezensuppe mit den übrigen Kräutern bestreuen und servieren.

Für 4 Personen • 25 Min. Zubereitung • 20–30 Min. Garen • 15 Min. Marinieren •
Pro Portion ca. 260 kcal, 7 g E, 9 g F, 36 g KH

KARTOFFELSALAT MIT GURKE

GELIEBTER KLASSIKER

*1 kg festkochende Kartoffeln
(möglichst gleich groß)
1 TL Kümmel
Salz
1 Zwiebel
250 ml kräftige Fleischbrühe
(oder Gemüsebrühe für
eine vegetarische Variante)
2 TL scharfer Senf
2 EL Apfelessig
3 EL Öl
1 Salatgurke*

1 Die Kartoffeln waschen, in einen Topf geben und etwa bis zur Hälfte ihrer Höhe mit Wasser auffüllen. Den Kümmel und 1 kräftige Prise Salz zufügen. Das Wasser zum Kochen bringen und die Kartoffeln zugedeckt 20–30 Min. garen, aber nicht zu weich kochen, anschließend abgießen und die Kartoffeln kurz ausdampfen lassen.

2 Die Zwiebel schälen und klein würfeln. In einem Topf die Brühe mit den Zwiebelwürfeln zum Kochen bringen. Den Senf, den Essig und das Öl untermischen, die Sauce salzen und kräftig abschmecken.

3 Die Kartoffeln pellen und in dünne Scheiben schneiden. Lagenweise mit der würzigen Brühe in eine Schüssel schichten und ca. 15 Min. ziehen lassen.

4 Inzwischen die Gurke schälen, in dünne Scheiben hobeln, mit 1 TL Salz vermischen und kurz ziehen lassen, anschließend die ausgetretene Flüssigkeit abgießen. Die Gurke vorsichtig untermischen, den Kartoffelsalat abschmecken, noch leicht mit Pfeffer übermahlen und servieren.

**GU
CLOU**

Klassisch wird der Salat nur mit Brühe zubereitet. Mehr Aroma und vor allem Frische bekommt er durch saftiges Grün wie Gurke, Feldsalat oder in Streifen geschnittenen Endiviensalat, den man mit etwas Salz kräftig durchknetet, damit er geschmeidig wird.

Für 4 Personen • 20 Min. Zubereitung •
Pro Portion ca. 380 kcal, 4 g E, 13 g F, 11 g KH

Für 4 Personen • 25 Min. Zubereitung •
Pro Portion ca. 130 kcal, 8 g E, 7 g F, 8 g KH

KNÖDELSALAT ❧

GUT VORZUBEREITEN

1 Bund Radieschen • 1 milde weiße Zwiebel •
½ Bund Schnittlauch • 2 EL Weißweinessig •
5 EL kalte Gemüsebrühe • 2 TL scharfer Senf •
Salz • Pfeffer • 4 EL Öl • 4 Semmelknödel (gegart
und ausgekühlt)

1 Die Radieschen waschen, putzen und erst in
Scheiben, dann in feine Streifen schneiden. Die
Zwiebel schälen, vierteln und ebenfalls in Streifen schneiden. Schnittlauch waschen, trocken
schütteln und in Röllchen schneiden. Den Essig
mit der Brühe, Senf, Salz und Pfeffer verrühren,
dann das Öl gut unterschlagen.

2 Die Semmelknödel in dünne Scheiben schneiden und auf vier Tellern auslegen. Die Radieschen, die Zwiebel und den Schnittlauch mit der
Sauce vermischen und auf den Knödeln verteilen. Den Salat abschmecken und nach Belieben
vor dem Servieren noch kurz ziehen lassen.

KRAUTSALAT

BODENSTÄNDIG

1 kleiner Kopf Weißkohl (ca. 600 g) • Salz • 100 g
durchwachsener Räucherspeck • 1 Zwiebel •
1 TL Kümmel • 2,5 EL Apfelessig • 1,5 EL Öl •
Pfeffer

1 Den Weißkohl von welken Blättern befrei-
en, waschen, vierteln und jeweils den Strunk
herausschneiden. Die Viertel in feine Streifen
schneiden oder hobeln, in eine Schüssel geben,
mit 1 TL Salz mischen und kräftig durchkneten,
bis der Kohl weicher wird. Den Speck klein würfeln. Die Zwiebel schälen und hacken.

2 In einer Pfanne den Speck bei mittlerer Hitze
anbraten und leicht bräunen. Die Zwiebel mit
dem Kümmel dazugeben und glasig werden lassen. Beides mit dem Essig und dem Öl mischen
und unterrühren. Den Krautsalat mit Salz und
Pfeffer würzen, abschmecken und servieren.

Für 4 Personen • 15 Min. Zubereitung •
Pro Portion ca. 45 kcal, 2 g E, 2 g F, 4 g KH

Für 4 Personen • 40 Min. Zubereitung •
Pro Portion ca. 135 kcal, 3 g E, 11 g F, 6 g KH

RETTICHSALAT MIT RAHMSAUCE 🌿

FRISCH UND DELIKAT

1 Rettich (ca. 500 g) • Salz • 5 EL Sahne • 1 TL süßer Senf • 2 EL Zitronensaft • Pfeffer • 1 kleines Bund Schnittlauch

1 Den Rettich schälen, grob raspeln, in eine Schüssel geben und mit 1 TL Salz vermischen. Den Rettich ca. 5 Min. ziehen lassen, anschließend die ausgetretene Flüssigkeit abgießen.

2 Die Sahne und den süßen Senf in einer kleinen Schüssel mit dem Zitronensaft verrühren und unter die Rettichraspel rühren. Den Salat mit Salz und Pfeffer würzen.

3 Den Schnittlauch waschen, trocken schütteln und in Röllchen schneiden. Den Rettichsalat abschmecken, mit dem Schnittlauch bestreuen und servieren.

SELLERIESALAT MIT APFEL 🌿

GESUNDER GENUSS

1 Knollensellerie (ca. 600 g) • Salz • 2 EL Apfelessig • 1 TL Apfeldicksaft • 1 TL scharfer Senf • Pfeffer • 4 EL Öl • 1 kleiner säuerlicher Apfel • 1 EL Zitronensaft

1 Den Sellerie vierteln, gründlich schälen, waschen und abtropfen lassen. Die Viertel in einem Topf mit 250 ml Wasser und Salz zum Kochen bringen, dann zugedeckt bei mittlerer Hitze in ca. 25 Min. bissfest garen. Herausheben und den Sellerie lauwarm abkühlen lassen.

2 Vom Garsud 6 EL abnehmen und mit dem Essig, dem Apfeldicksaft, Senf, Salz und Pfeffer verrühren. Zuletzt das Öl unterschlagen.

3 Apfel schälen, grob raspeln und mit dem Zitronensaft vermischen. Sellerie in dünne Scheiben schneiden und mit dem Apfel und der Sauce vermischen. Den Salat abschmecken und servieren.

HAUPTGERICHTE & BEILAGEN

Für 4–6 Personen • 45 Min. Zubereitung • 3,5 Std. Garen • Pro Portion ca. 800 kcal, 55 g E, 54 g F, 22 g KH

SCHWEINEKRUSTENBRATEN MIT BLAUKRAUT

BAYERISCHES KULTGERICHT

FÜR DEN BRATEN
1,2 kg Schweineschulter mit Schwarte
Salz
Pfeffer
1 Bund Suppengrün
1 TL Kümmel

FÜR DAS BLAUKRAUT
2 säuerliche Äpfel
1 Zwiebel
1 Kopf Rotkohl (ca. 700 g)
1 EL Butter
2 TL brauner Zucker
Salz
Pfeffer
200 ml Apfelsaft
1,5 EL Rotweinessig

GUT ZU WISSEN
Knusprig zart soll die Schwarte sein. Dazu wird sie erst im heißen Wasser geschmeidig gegart. Dann kann man sie mit einem scharfen Messer in Rauten schneiden, aber nicht zu grob, denn kleine Schwartenstücke schmecken viel besser.

BRATEN: Den Backofen auf 150° vorheizen. Das Fleisch trocken tupfen, mit Salz und Pfeffer einreiben und mit der Schwarte nach unten in einen Bräter legen. 400 ml heißes Wasser angießen und das Fleisch im Ofen (Mitte) ca. 1 Std. braten. Das Suppengrün putzen oder schälen, waschen und grob würfeln. Den Braten herausnehmen, wenden und die Schwarte mit einem scharfen Messer rautenförmig einschneiden. Das Fleisch mit der Schwarte nach oben wieder in den Bräter legen, Suppengrün und Kümmel zufügen und alles noch ca. 2 Std. braten, dabei häufig mit dem Bratfond übergießen.

BLAUKRAUT: Die Äpfel vierteln, schälen, entkernen und klein würfeln. Die Zwiebel schälen und würfeln. Den Rotkohl putzen, abbrausen, vierteln, vom Strunk befreien und in feine Streifen hobeln. In einem Topf die Butter mit dem Zucker erhitzen. Äpfel, Zwiebel und Rotkohl darin unter Rühren anschwitzen. Alles salzen, pfeffern, Apfelsaft und Essig angießen und das Blaukraut zugedeckt bei niedriger Hitze ca. 1 Std. schmoren, dabei ab und zu umrühren.

FERTIGSTELLEN: Ofentemperatur auf 220° erhöhen. 1 TL Salz mit 4 EL Wasser verrühren und die Schweineschwarte damit einpinseln. Den Braten weitere ca. 30 Min. braten, bis die Schwarte knusprig ist, dabei häufig mit dem Salzwasser einpinseln. Die Sauce durch ein Sieb passieren und abschmecken. Den Braten mit einem scharfen Messer in Scheiben schneiden und servieren. Die Sauce und das Blaukraut dazureichen. Als Beilage schmecken Kartoffel- oder Semmelknödel.

Für 4 Personen • 40 Min. Zubereitung • Pro Portion ca. 455 kcal, 29 g E, 32 g F, 12 g KH

FLEISCHPFLANZERL

HERZHAFTE HAUSMANNSKOST

1,5 altbackene Semmeln
1 kleines Bund Petersilie
1 Zwiebel
500 g gemischtes Hackfleisch
    (halb Schwein, halb Rind)
2 TL scharfer Senf
1 Ei (M)
Salz
Pfeffer
2 EL Öl

1 Die Semmeln in Scheiben schneiden und in eine Schüssel geben. Semmelscheiben mit lauwarmem Wasser bedecken, kurz ziehen und weich werden lassen. Inzwischen die Petersilie waschen, trocken schütteln, die Blättchen abzupfen und fein hacken. Die Zwiebel schälen und in feine Würfel schneiden.

2 Das Hackfleisch mit der Petersilie, Zwiebel, Senf und dem Ei in eine Schüssel geben. Die Semmeln gut ausdrücken und fein zerpflücken. Zum Hackfleisch geben, alles gut salzen, pfeffern und mit den Händen zu einem formbaren Fleischteig verkneten.

3 Aus der Masse acht Pflanzerl formen. In einer Pfanne 1 EL Öl erhitzen, die Hälfte der Pflanzerl einlegen und bei mittlerer Hitze ca. 10 Min. braten, dabei einmal wenden. Herausnehmen und die Fleischpflanzerl im Ofen (80°) warm halten. Übrige Pflanzerl ebenso braten und servieren. Dazu schmeckt Kartoffelsalat mit Gurke.

Für 4 Personen • 30 Min. Zubereitung • Pro Portion ca. 370 kcal, 37 g E, 18 g F, 15 g KH

SAURE LEBER

ECHTES SCHMANKERL

2 große Zwiebeln
700 g Kalbsleber
2 EL Butter
2 TL Mehl
1 TL edelsüßes Paprikapulver
1 TL rosenscharfes Paprika-
*   pulver*
300 ml Fleisch- oder Gemüse-
*   brühe*
5 EL Apfelessig (ersatzweise
*   Weißweinessig)*
Salz
Pfeffer
1 EL Öl

1 Die Zwiebeln schälen, vierteln und in feine Streifen schneiden. Die Leber abbrausen, trocken tupfen, von Häutchen und Röhren befreien und in dünne Streifen schneiden.

2 In einer Pfanne 1 EL Butter erhitzen und die Zwiebeln darin hell anschwitzen. Mehl und beide Sorten Paprikapulver darüberstäuben und unter Rühren kurz mitanschwitzen. Alles mit der Brühe ablöschen, zum Kochen bringen und offen ca. 5 Min. köcheln lassen. Die Sauce mit Essig, Salz und Pfeffer würzen und warm halten.

3 Das Öl mit der übrigen Butter in einer Pfanne erhitzen. Die Leber darin in zwei bis drei Portionen jeweils ca. 1 Min. unter Rühren braten, herausnehmen, salzen und pfeffern. Die Leber zur Zwiebelsauce geben, alles gut vermengen und nochmals kurz aufkochen. Die saure Leber abschmecken, auf vorgewärmten Tellern anrichten und servieren. Dazu schmeckt Kartoffelpüree.

TELLERFLEISCH MIT RAHMWIRSING

ZART UND GSCHMACKIG

FÜR DAS FLEISCH

2 Suppenknochen (Markknochen)
2 Zwiebeln
1 kg Rindfleisch zum Kochen (z. B.
Brustkern oder Zwerchrippe)
2 Lorbeerblätter
1 Stück Knollensellerie
2 Möhren
Salz

FÜR DEN WIRSING

1 kleiner Kopf Wirsing (ca. 600 g)
2 EL Butter
150 g Sahne
50 ml Gemüsebrühe
Salz
Pfeffer

GUT ZU WISSEN

Wenn es um zartes Fleisch geht, kommt das Stück ins kochende Wasser. Geht es dagegen eher um eine kräftige Brühe, setzt man das Siedfleisch mit kaltem Wasser an und erhitzt es dann zusammen.

FLEISCH: Die Knochen abbrausen und abtropfen lassen. In einem großen Topf 3 l Wasser erhitzen. Die Zwiebeln waschen, trocken tupfen, mitsamt der Schale halbieren und auf der Schnittfläche in einer heißen Pfanne goldbraun rösten. Zwiebeln und Knochen in das kochende Wasser geben, das Fleisch mit den Lorbeerblättern zufügen und halb zugedeckt ca. 1 Std. bei niedriger Hitze köcheln lassen. Inzwischen Sellerie und Möhren schälen, grob würfeln und mit etwas Salz zum Fleisch geben. Alles weitere 1,5–2 Std. garen, bis das Fleisch sich mit einer Nadel einstechen lässt und butterzart ist.

WIRSING: Ca. 30 Min. vor Ende der Garzeit den Wirsing von welken Blättern befreien, in Blätter teilen, waschen und jeweils die dicke Mittelrippe entfernen. Die Wirsingblätter in feine Streifen schneiden. In einem Topf die Butter erhitzen und den Wirsing darin unter Rühren kurz anschwitzen. Sahne und Brühe angießen und den Wirsing zugedeckt bei mittlerer Hitze ca. 10 Min. dünsten, dabei wiederholt umrühren und bei Bedarf noch etwas Flüssigkeit angießen. Den Wirsing, er sollte noch etwas Biss haben, mit Salz und Pfeffer würzen und abschmecken.

FERTIGSTELLEN: Das Fleisch aus der Brühe heben und mit einem scharfen Messer quer zur Faser in dünne Scheiben schneiden. Den Rahmwirsing abschmecken, auf vorgewärmte Teller verteilen und das Fleisch darauf anrichten. Dazu schmecken Brat- oder Salzkartoffeln und frisch geriebener Meerrettich.

GEFÜLLTE KALBSBRUST

IDEAL FÜR FAMILIENFEIERN UND GÄSTE

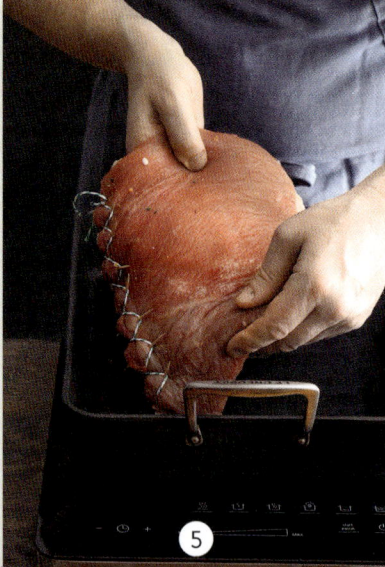

4 altbackene Brezen
125 ml Milch
1 Bund Suppengrün
1 Bund Petersilie
1 Stück unbehandelte Zitronen-
schale
2 EL Butterschmalz
3 Eier (M)
Salz
Pfeffer
frisch geriebene Muskatnuss
1,2 kg Kalbsbrust ohne Knochen
(beim Metzger vorbestellen
und eine Tasche einschneiden
lassen)
500 ml Fleisch- oder Gemüsebrühe

AUSSERDEM
Zahnstocher
Küchengarn

1 Die Brezen in dünne Scheiben schneiden und in eine Schüssel legen. Die Milch lauwarm erwärmen und die Brezen damit übergießen (Bild 1). Das Suppengrün schälen oder putzen, waschen und klein würfeln. Die Petersilie abbrausen und trocken schütteln. Die Blättchen abzupfen und mit der Zitronenschale fein hacken.

2 In einer Pfanne 1 EL Butterschmalz erhitzen und das Suppengrün darin hell anschwitzen. Die Petersilie unterrühren und kurz zusammenfallen lassen. Das Gemüse beiseitestellen und lauwarm abkühlen lassen, dann zu den Brezen geben. Die Eier mit Salz, Pfeffer und Muskat hinzufügen und alles gründlich zu einem Knödelteig verkneten.

3 Den Backofen auf 180° vorheizen. Die Kalbsbrust innen und außen trocken tupfen, salzen und pfeffern. Die Brezenmasse in die Tasche der Kalbsbrust füllen (Bild 2) und diese mit Zahnstochern verschließen. Dafür im Abstand von 2 cm jeweils einen Zahnstocher durch beide Seiten der Tasche stecken (Bild 3). Ein Stück Küchengarn um den letzten Zahnstocher legen und das Garn jetzt über Kreuz um die Zahnstocher schnüren und die Öffnung so verschließen (Bild 4).

4 In einem ofenfesten Bräter das restliche Butterschmalz erhitzen und die Kalbsbrust darin ringsum gut anbraten (Bild 5). Die Brühe angießen und erhitzen. Die Kalbsbrust in den Ofen schieben (unten) und ca. 2 Std. braten, dabei immer wieder mit dem Bratfond übergießen.

5 Die fertig gegarte Kalbsbrust aus dem Ofen nehmen und kurz ruhen lassen, anschließend in Scheiben schneiden und mit der Sauce servieren (Bild 6). Dazu schmeckt Salat.

WILDRAGOUT MIT WACHOLDERRAHM

GUT IM VORAUS ZUZUBEREITEN

800 g Hirschkeule (oder -schulter)
2 Zwiebeln
2 Knoblauchzehen
1 Möhre
2 EL Butterschmalz
Salz
Pfeffer
1 TL Mehl
1 TL Tomatenmark
200 ml Wildfond (aus dem Glas)
2 TL Wacholderbeeren
125 g Sahne

TAUSCH-TIPP

Nach diesem Rezept lassen sich auch andere Wildarten, z. B. Reh, Gämse oder Wildschwein, zu einem schmackhaften Ragout zubereiten.

1 Das Wildfleisch von Häutchen und Sehnen befreien und in ca. 2 cm große Würfel schneiden. Die Zwiebeln, den Knoblauch und die Möhre schälen und alles klein würfeln.

2 In einem Schmortopf das Butterschmalz erhitzen. Die Fleischwürfel darin in zwei bis drei Portionen jeweils gut anbraten und bräunen, anschließend wieder herausnehmen. Das Fleisch mit Salz und Pfeffer würzen.

3 Wenn alle Fleischwürfel gebraten sind, die Zwiebeln und den Knoblauch mit der Möhre im Bratfett anschwitzen. Das Mehl darüberstäuben und unter Rühren kurz mitanschwitzen. Das Tomatenmark unterrühren und noch ca. 1 Min. mitangehen lassen, dann alles mit dem Wildfond ablöschen und den Bratsatz lösen.

4 Das Fleisch wieder einlegen, alles mit Salz und Pfeffer würzen und zugedeckt bei niedriger Hitze ca. 2 Std. schmoren, bis das Fleisch schön zart ist. Dabei ab und zu umrühren und bei Bedarf noch etwas Flüssigkeit angießen.

5 Die Wacholderbeeren im Mörser möglichst fein zerstoßen. Mit der Sahne zum Fleisch geben und alles bei starker Hitze in ein paar Minuten kräftig kochen, bis die Sauce etwas dickflüssiger wird. Das Ragout abschmecken, auf Tellern anrichten und servieren. Als Beilage schmecken Rosenkohl und Schupfnudeln, aber auch Butternudeln oder Semmelknödel.

FISCHFILETS MIT GURKENGEMÜSE

LEICHTER GENUSS

FÜR DAS GEMÜSE

2 Salatgurken
1 Zwiebel
1 Bund Dill
1 EL Butter
Salz
Pfeffer
100 ml Gemüsebrühe (oder
  Weißwein)
2 EL Crème fraîche (oder saure
  Sahne)
2 TL mittelscharfer Senf
2 TL Zitronensaft

FÜR DEN FISCH

4 Saiblingsfilets ohne Haut
  (oder Renkenfilets)
1 EL Zitronensaft
Salz
Pfeffer
1 EL Butter
1 EL Öl

GEMÜSE: Die Gurken schälen, längs halbieren und entkernen. Die Gurkenhälften quer in knapp 1 cm dicke Scheiben schneiden. Die Zwiebel schälen und klein würfeln. Den Dill waschen und trocken schütteln. Die Spitzen abzupfen, einige beiseitelegen und den Rest fein hacken. In einem Topf die Butter zerlassen. Zwiebel und Gurkenscheiben zufügen, leicht salzen und pfeffern und unter Rühren hell anschwitzen. Die Brühe angießen und die Gurken bei niedriger Hitze ca. 8 Min. zugedeckt dünsten.

FISCH: Die Saiblingsfilets waschen und trocken tupfen, mit Zitronensaft beträufeln und mit Salz und Pfeffer würzen. In einer großen Pfanne die Butter mit dem Öl erhitzen und die Fischfilets darin bei mittlerer Hitze pro Seite ca. 2 Min. braten.

FERTIGSTELLEN: Den gehackten Dill mit der Crème fraîche unter die Gurken rühren. Das Gemüse mit dem Senf, dem Zitronensaft, Salz und Pfeffer würzen und abschmecken. Das Gurkengemüse mit den gebratenen Fischfilets auf vorgewärmten Tellern anrichten, mit den übrigen Dillspitzen bestreuen und servieren.

Für 4 Personen • 35 Min. Zubereitung • Pro Portion ca. 395 kcal, 42 g E, 18 g F, 8 g KH

FISCH IM WURZELSUD

MEERRETTICHSCHARF

2 Möhren
1 Stück Knollensellerie (ca. 250 g)
1 Stange Lauch
150 ml trockener Weißwein
400 ml Fischfond (aus dem Glas)
Salz
Pfeffer
4 Fischfilets ohne Haut (z. B.
 Lachsforelle oder Saibling, je
 ca. 180 g)
2 EL Zitronensaft
100 g Sahne
50 g kalte Butter
3 EL frisch geriebener Meerrettich

1 Möhren und Sellerie schälen und beides in Stifte schneiden. Den Lauch putzen, halbieren, waschen und in Streifen schneiden. In einem weiten Topf Wein und Fischfond aufkochen, salzen, pfeffern und das Gemüse darin ca. 2 Min. kochen lassen.

2 Die Fischfilets salzen, pfeffern und mit Zitronensaft beträufeln. Die Hitze reduzieren, die Filets in den nicht mehr kochenden Sud einlegen und in ca. 5 Min. offen gar ziehen lassen, herausheben und zugedeckt im Backofen (80°) warm halten. Den Sud durch ein Sieb passieren und 200 ml abmessen.

3 Die Sahne halb steif schlagen. Den Sud mit 2 EL Gemüse aus dem Sieb fein pürieren und in einem Topf noch einmal erwärmen. Die kalte Butter würfeln und nach und nach mit dem Schneebesen unterschlagen. Sahne und 2 EL Meerrettich unterziehen und die Sauce mit Salz abschmecken. Den Fisch mit dem übrigen Gemüse auf vorgewärmten Tellern anrichten, mit dem restlichen Meerrettich bestreuen, mit der Sauce beträufeln und sofort servieren.

Für 4 Personen • 40 Min. Zubereitung • Pro Portion ca. 280 kcal, 12 g E, 9 g F, 37 g KH

KARTOFFELGULASCH

HERZHAFT UND GÜNSTIG

1 kg festkochende Kartoffeln
1 Stange Lauch
2 Zwiebeln
1 rote Paprika
100 g durchwachsener Räucherspeck
1 EL Butterschmalz
1 EL edelsüßes Paprikapulver
½ TL getrockneter Majoran
350 ml Gemüsebrühe
Salz
Pfeffer
4 EL saure Sahne
2 EL Kräuterblättchen (z. B. Majoran)

1 Die Kartoffeln schälen, waschen und gut 1 cm groß würfeln. Den Lauch putzen, längs halbieren und gründlich waschen, anschließend quer in Streifen schneiden. Die Zwiebeln schälen und klein würfeln. Paprika waschen, halbieren, putzen und in kleine Würfel schneiden. Den Speck ebenfalls klein würfeln.

2 In einem Topf das Butterschmalz erhitzen und den Speck darin bei mittlerer Hitze glasig braten. Den Lauch, Zwiebeln und Paprika dazugeben und kurz mitgaren. Die Kartoffeln mit dem Paprikapulver und dem Majoran dazugeben.

3 Alles mit der Brühe auffüllen, salzen, pfeffern und zugedeckt bei niedriger Hitze 20–25 Min. köcheln lassen, dabei zwischendurch umrühren und bei Bedarf noch etwas Wasser oder Brühe angießen. Das Gulasch abschmecken, in tiefe Teller verteilen, jeweils mit 1 EL saurer Sahne toppen, mit Kräuterblättchen bestreuen und servieren.

Für 4 Personen • 30 Min. Zubereitung • 20-30 Min. Garen • Pro Portion ca. 365 kcal, 12 g E, 18 g F, 40 g KH

KARTOFFELSCHMARRN 🌿

DEFTIG-VEGETARISCH

*800 g vorwiegend festkochende
Kartoffeln
1 große Zwiebel
4 EL Butterschmalz
1 TL getrockneter Majoran
75 g Mehl
150 g Quark
1 Ei (M)
Salz
Pfeffer*

1 Die Kartoffeln waschen und in Wasser weich kochen, anschließend abgießen und kurz ausdampfen lassen. Die Kartoffeln pellen, noch warm durch die Kartoffelpresse in eine Schüssel drücken und abkühlen lassen. Die Zwiebel schälen und in kleine Würfel schneiden. In einer Pfanne 1 EL Butterschmalz erhitzen und die Zwiebel mit dem Majoran darin unter Rühren in ca. 5 Min. glasig anschwitzen. Mehl, Quark, Ei und Zwiebelwürfel zum Kartoffelschnee geben. Alles mit Salz und Pfeffer würzen und gründlich miteinander vermengen.

2 In einer großen Pfanne das restliche Butterschmalz erhitzen, die Kartoffelmasse hineingeben, gleichmäßig verteilen und bei mittlerer Hitze ca. 10 Min. braten. Anschließend wenden und den Fladen auf der anderen Seite ebenfalls ca. 10 Min. braten. Den Fladen mit zwei Kochlöffeln in Stücke zupfen und noch kurz weiterbraten, bis alle Stücke ringsum schön gebräunt sind. Den Kartoffelschmarrn auf Tellern anrichten und servieren. Dazu schmeckt Salat oder Sauerkraut.

KRAUTWICKERL

BODENSTÄNDIGER KLASSIKER

1 mittelgroßer Weißkohl
Salz
1 altbackene Semmel
1 Zwiebel
½ Bund Petersilie
300 g gemischtes Hackfleisch
1 Ei (L)
Pfeffer
2 EL Butter
125 ml Gemüse- oder Fleischbrühe
2 TL Tomatenmark
100 g Sahne

1 Vom Weißkohl alle welken Blätter entfernen. Den Strunk aus der Mitte keilförmig herausschneiden (Bild 1). 10 Blätter vorsichtig ablösen.

2 In einem Topf reichlich Wasser aufkochen und salzen. Die Kohlblätter hineingeben, unter Wasser drücken und 2–3 Min. kochen lassen, bis sie biegsam sind. Die Blätter kalt abschrecken, abtropfen lassen und 2 Blätter sehr fein hacken. Bei den übrigen Blättern die dicken Blattrippen flach schneiden (Bild 2).

3 Die Semmel in Wasser einweichen. Die Zwiebel schälen und fein würfeln. Die Petersilie waschen, trocken schütteln, die Blättchen abzupfen und fein hacken. Die Semmel ausdrücken und zerpflücken. Das Hackfleisch mit der Semmel, der Zwiebel, der Petersilie, dem gehackten Kohl, Ei, Salz und Pfeffer kräftig durchkneten, bis eine formbare Masse entstanden ist (Bild 3).

4 Jeweils etwa ein Achtel des Fleischteigs auf dem vorderen Drittel der Kohlblätter verteilen (Bild 4). Die Ränder nach innen schlagen, die Blätter aufrollen und die Krautwickerl mit Küchengarn verschnüren (Bild 5).

5 In einem weiten Topf die Butter zerlassen und die Krautwickerl darin ringsum anbraten. Die Brühe angießen und das Tomatenmark unterrühren. Alles zugedeckt bei mittlerer Hitze ca. 30 Min. schmoren.

6 Die Krautwickerl herausnehmen und zugedeckt warm halten. Die Sahne unter die Sauce rühren, bei starker Hitze sämig einkochen lassen und die Sauce abschmecken. Die Krautwickerl mit der Sauce auf Tellern anrichten, mit Pfeffer übermahlen und servieren (Bild 6). Dazu schmeckt Kartoffelbrei.

KRAUTKRAPFEN

AUS DEM ALLGÄU

FÜR DEN NUDELTEIG

250 g Mehl
Salz
2 Eier (M)
1 Eigelb (M)

FÜR DIE FÜLLUNG

125 g durchwachsener Räucher-
*   speck, ohne Schwarte und*
*   Knorpel*
1 Zwiebel
500 g gegartes Sauerkraut
1 TL Kümmel
Salz
Pfeffer
100 g saure Sahne
250 ml Gemüse- oder Fleischbrühe
40 g Butter

AUSSERDEM

Mehl zum Arbeiten

NUDELTEIG: Zuerst das Mehl in eine Schüssel sieben. 1 TL Salz, die Eier und das Eigelb dazugeben und alles zu einem glatten, geschmeidigen Teig verkneten. Diesen zu einer Kugel formen, in ein Küchentuch wickeln und ca. 30 Min. bei Raumtemperatur ruhen lassen.

FÜLLUNG: Den durchwachsenen Speck in kleine Würfel schneiden. Die Zwiebel schälen und fein hacken. In einer Pfanne den Speck bei mittlerer Hitze glasig braten. Die Zwiebel dazugeben und kurz mitanschwitzen. Das Sauerkraut abtropfen lassen, mit dem Kümmel dazugeben, untermischen und alles noch ca. 5 Min. offen garen. Das Sauerkraut mit Salz und Pfeffer würzen, abschmecken und abkühlen lassen.

FÜLLEN: Den Nudelteig halbieren und auf einer bemehlten Arbeitsfläche jeweils zu einer möglichst dünnen, rechteckigen Platte (ca. 40 × 25 cm) ausrollen. Das Sauerkraut mit der sauren Sahne vermengen, auf den Teigplatten verteilen, dabei rundherum einen Rand frei lassen. Die Teigplatten von der langen Seite her aufrollen und in 4–5 cm dicke Stücke schneiden.

BACKEN: Den Backofen auf 180° vorheizen. Die Teigstücke hochkant dicht an dicht in eine ofenfeste Form setzen. Die Brühe erhitzen und seitlich angießen. Die Krautkrapfen im Ofen (Mitte) ca. 20 Min. backen. Die Butter zerlassen, über die Krautkrapfen träufeln und diese weitere 10–15 Min. backen, bis sie schön gebräunt sind. Die Krautkrapfen herausnehmen und servieren. Dazu schmeckt Salat, z. B. ein Endiviensalat.

SPARGEL MIT EIERSAUCE 🌿

LEICHTES FRÜHSOMMERGERICHT

4 Eier
1 Bund Schnittlauch
1 TL scharfer Senf
2 EL heller Essig
8 EL Öl
Salz
Pfeffer
1,5 kg weißer Spargel
1 EL Butter
1 Prise Zucker
Schnittlauch zum Garnieren

TAUSCH-TIPP

Anstelle von weißem Spargel schmeckt auch grüner sehr gut zu der Eiersauce. Er muss nicht geschält werden, man schneidet oder bricht nur das holzige Ende großzügig ab. Außerdem ist er schneller gar, 6–8 Min. Kochzeit genügen meist.

1 Die Eier in kochendem Wasser in ca. 8 Min. nicht zu hart kochen, anschließend gut kalt abschrecken und abkühlen lassen. Den Schnittlauch waschen, trocken schütteln und in feine Röllchen schneiden. Die Eier pellen, das Eiweiß ablösen und fein hacken. Die Eigelbe in einer Schüssel mit einer Gabel fein zerdrücken. Senf und Essig dazugeben und unterrühren, dann das Öl unterschlagen und alles mit Salz und Pfeffer würzen.

2 Den Spargel waschen, die Enden großzügig abschneiden und die Stangen sorgfältig schälen. In einem großen Topf reichlich Wasser zum Kochen bringen und salzen. Die Butter und den Zucker hinzufügen, den Spargel einlegen und in ca. 12 Min. bissfest garen.

3 Vom Spargelkochwasser ca. 8 EL abnehmen und unter die Eigelbsauce rühren. Das gewürfelte Eiweiß mit den Schnittlauchröllchen untermischen und die Sauce abschmecken. Die Spargelstangen aus dem Sud heben, abtropfen lassen und auf Tellern anrichten. Die Eiersauce darüberverteilen und alles mit einigen Schnittlauchhalmen garniert servieren. Dazu schmecken neue Kartoffeln und etwas zerlassene, gebräunte Butter.

Für 4 Personen • 30 Min. Zubereitung • Pro Portion ca. 230 kcal, 7 g E, 17 g F, 7 g KH

RAHMSCHWAMMERL 🌿

VEGETARISCHES SCHMANKERL

800 g Pfifferlinge, Steinpilze,
Egerlinge
1 Zwiebel
1 Knoblauchzehe
4 Stängel Petersilie
2 EL Butter
2 TL Mehl
100 ml trockener Weißwein
(oder Gemüsebrühe)
250 g Sahne
Salz
Pfeffer
1 TL edelsüßes Paprikapulver
1 TL Zitronensaft

1 Die Pilze mit feuchtem Küchenpapier abreiben und die Stielenden abschneiden. Die Pilze je nach Größe ganz lassen, halbieren, vierteln oder in dünne Scheiben schneiden. Zwiebel und Knoblauch schälen und fein würfeln. Die Petersilie waschen, trocken schütteln, die Blättchen abzupfen und fein hacken.

2 In einer großen Pfanne die Butter zerlassen, Pilze, Zwiebel und Knoblauch darin bei starker Hitze unter Rühren 2–3 Min. anschwitzen. Das Mehl darüberstäuben, unterrühren und kurz mit angehen lassen. Die Pilze mit dem Wein ablöschen und die Sahne angießen. Alles erneut aufkochen und offen bei mittlerer Hitze ca. 5 Min. köcheln lassen, bis die Sauce sämig andickt.

3 Die gehackte Petersilie unterrühren. Die Rahmschwammerl mit Salz, Pfeffer, Paprikapulver und Zitronensaft würzen und abschmecken. Sie schmecken zu Semmelknödeln oder Schupfnudeln.

Für 4 Personen • 35 Min. Zubereitung • Pro Portion ca. 240 kcal, 4 g E, 11 g F, s31 g KH

REIBERDATSCHI

SCHMECKEN PIKANT UND SÜSS

1 kg mehligkochende Kartoffeln
1 Zwiebel
Salz
Pfeffer
frisch geriebene Muskatnuss
3 EL Butterschmalz

1 Die Kartoffeln schälen, waschen und auf der Rohkostreibe fein in eine Schüssel raspeln. Die Kartoffelraspel gut ausdrücken und die entstandene Flüssigkeit abgießen. Die Zwiebel schälen und dazureiben. Alles mit Salz, Pfeffer und Muskat würzen.

2 Den Backofen auf 100° vorheizen. Eine Platte mit mehreren Lagen Küchenpapier auslegen und im Ofen warm stellen. In einer großen Pfanne etwas Butterschmalz erhitzen. Jeweils etwas Kartoffelmasse in die Pfanne geben und leicht flach drücken. Die Reiberdatschi bei mittlerer Hitze in ca. 5 Min. knusprig braten, wenden und auf der anderen Seite ebenfalls ca. 5 Min. braten, dabei nach Bedarf noch etwas Butterschmalz zugeben. Reiberdatschi herausnehmen, auf der vorgewärmten Platte abtropfen lassen und warm halten.

3 Übrige Kartoffelmasse ebenso ausbacken und die Reiberdatschi servieren. Dazu passt Sauerkraut, Apfelmus oder -kompott.

SÜSSSPEISEN & GEBÄCK

Für 4 Personen • 25 Min. Zubereitung • 30 Min. Backen • Pro Portion ca. 250 kcal, 4 g E, 13 g F, 28 g KH

APFELSCHNEE 🍃

FRUCHTIG-LUFTIGES DESSERT

4 säuerliche Äpfel (z. B. Bos-
*   kop, möglichst gleich groß)*
4 EL Mandelstifte
2 EL Puderzucker
125 g Sahne
2 EL Vanillezucker

1 Den Backofen auf 200° vorheizen. Die Äpfel waschen und jeweils den Stiel- und Blütenansatz keilförmig herausschneiden. Die Äpfel in einer ofenfesten Form im Ofen (Mitte) in ca. 30 Min. weich backen.

2 Die Äpfel herausnehmen, lauwarm abkühlen lassen, dann die Haut ablösen. Das weiche Fruchtfleisch von Haut und Kerngehäuse schaben und mit einer Gabel fein zerdrücken.

3 Die Mandelstifte mit dem Puderzucker in einer Pfanne bei mittlerer Hitze unter Rühren erhitzen, bis der Zucker geschmolzen ist und die Mandelstifte leicht gebräunt sind. Die karamellisierten Mandelstifte aus der Pfanne nehmen und beiseitestellen.

4 Die Sahne mit dem Vanillezucker steif schlagen. Die geschlagene Sahne locker mit dem Apfelpüree mischen. Den Apfelschnee in Dessertgläser verteilen, mit den Mandelstiften bestreuen und servieren.

Für 4 Personen • 45 Min. Zubereitung • Pro Portion ca. 560 kcal, 8 g E, 32 g F, 56 g KH

APFELKÜCHERL 🍃

ALLSEITS BELIEBT

4 große säuerliche Äpfel
2 EL Zucker
1 EL Zitronensaft
1 EL Butter
2 Eier (M)
150 g Mehl
1 Prise Salz
150 ml Bier (ersatzweise
*   Mineralwasser)*
1 l Öl, zum Frittieren
3 EL Zimtzucker

1 Die Äpfel schälen und das Kerngehäuse mit einem Apfelausstecher entfernen. Die Äpfel in ca. 1 cm dicke Ringe schneiden und in einer Schüssel mit Zucker und Zitronensaft vermischen.

2 Die Butter schmelzen und wieder abkühlen lassen. Die Eier trennen. Das Mehl in eine Schüssel sieben und mit dem Salz mischen. Das Bier, die Eigelbe und die flüssige Butter unterrühren. Die Eiweiße steif schlagen und unterheben.

3 Das Öl in einem Topf erhitzen. Es ist heiß genug, sobald an einem eingetauchten hölzernen Löffelstiel viele kleine Bläschen aufsteigen. Die Apfelringe durch den Teig ziehen und portionsweise im heißen Öl in 3–4 Min. goldbraun ausbacken, dabei einmal wenden. Die Apfelkücherl mit dem Schaumlöffel herausheben und auf einer Platte mit mehreren Lagen Küchenpapier entfetten. Die Apfelkücherl noch heiß mit Zimtzucker bestreuen und sofort servieren.

Für 4 Personen • 30 Min. Zubereitung • Pro Portion ca. 630 kcal, 13 g E, 32 g F, 73 g KH

ZWETSCHGENBAVESEN 🍃

FRUCHTIGE RESTEVERWERTUNG

250 g Kastenweißbrot vom Vortag
   (ersatzweise 5–6 altbackene
   Semmeln)
180 g Zwetschgenmus
60 g Mehl
2 Eier (M)
300 ml Milch
1 Prise Salz
100 g Butterschmalz
4 EL Zucker
2 TL Zimtpulver

GUT ZU WISSEN

Bavesen eignen sich bestens
für die Verwertung von fast jeder Sorte altbackenem Brot,
nur zu fest sollte es nicht sein.

1 Das Weißbrot in knapp 1 cm dicke Scheiben schneiden. Die Hälfte der Scheiben mit Zwetschgenmus bestreichen, mit den übrigen Brotscheiben zu Bavesen zusammensetzen und gut andrücken. Den Backofen auf 100° vorheizen. Eine Platte mit Küchenpapier belegen und auf das eingeschobene Ofengitter stellen. Das Mehl mit den Eiern, der Milch und dem Salz zu einem pfannkuchenartigen Teig verrühren. Die Brotscheiben darin wenden und kurz ziehen lassen.

2 In einer großen Pfanne 50 g Butterschmalz erhitzen und die Bavesen darin portionsweise bei mittlerer bis starker Hitze auf jeder Seite 2–3 Min. ausbacken und bräunen. Herausheben, abtropfen lassen, die Bavesen auf die vorgewärmte Platte legen und im Ofen warm halten. Die übrigen Bavesen ebenso ausbacken. Zucker und Zimt mischen, die Bavesen damit bestreuen und warm servieren.

Für 4 Personen • 45 Min. Zubereitung • Pro Portion ca. 775 kcal, 26 g E, 28 g F, 106 g KH

TOPFENKNÖDEL MIT KOMPOTT UND GERÖSTETEN BRÖSELN 🍃

FEINES AUS DER MEHLSPEISENKÜCHE

FÜR DIE KNÖDEL
500 g Topfen
60 g weiche Butter
60 g Zucker
Salz
2 Eier (M)
150 g Hartweizengrieß
50 g Mehl

FÜR DAS KOMPOTT
800 g Rhabarber
125 g Zucker
2 EL Vanillezucker

AUSSERDEM
40 g Butter
30 g Semmelbrösel
1 EL Zucker

KNÖDEL: Den Topfen bei Bedarf in ein feinmaschiges Sieb geben und kurz abtropfen lassen. Die Butter würfeln und mit dem Zucker und 1 Prise Salz hellcremig rühren. Die Eier mit dem Topfen, dem Grieß und dem Mehl unterrühren. Anschließend den Teig ca. 30 Min. ruhen lassen. In einem großen Topf reichlich Wasser zum Kochen bringen und salzen, dann die Temperatur wieder etwas reduzieren. Aus dem Teig mit feuchten Händen oder mithilfe von 2 Teelöffeln einen gut tischtennisballgroßen Probeknödel formen und diesen ins siedende Wasser gleiten lassen. Zerfällt er, noch etwas Mehl zum Teig geben. Behält der Knödel seine Form, den übrigen Teig ebenso zu Knödeln formen und im siedenden Wasser in ca. 8 Min. gar ziehen lassen.

KOMPOTT: Den Rhabarber waschen, putzen und in ca. 1 cm breite Stücke schneiden. Den Rhabarber mit Zucker, Vanillezucker und 4 EL Wasser in einem Topf zugedeckt bei niedriger Hitze ca. 5 Min. garen, bis er fast zerfallen ist. Das Kompott in eine Schüssel füllen und lauwarm abkühlen lassen.

FERTIGSTELLEN: Die Butter in einer Pfanne zerlassen. Semmelbrösel und Zucker zugeben und unter Rühren goldbraun braten. Die Knödel mit einem Schaumlöffel aus dem Wasser heben und kurz abtropfen lassen. Die Topfenknödel auf Teller verteilen, mit den gerösteten Semmelbröseln bestreuen und mit dem Rhabarberkompott servieren.

SCHUPFNUDELN MIT MOHNBUTTER

SÜSSER SEELENTRÖSTER

800 g mehligkochende Kartoffeln
100 g Mehl
1 Ei (M)
Salz
4 EL Butter
4 EL Mohnsamen
Puderzucker zum Bestäuben

1 Die Kartoffeln waschen und in einem Topf in kochendem Wasser in 20–30 Min. weich garen. Die Kartoffeln abgießen und kurz ausdampfen lassen, anschließend pellen und noch heiß durch die Kartoffelpresse in eine Schüssel drücken. Den Kartoffelschnee abkühlen lassen.

2 Das Mehl dazusieben, das Ei zufügen und alles zu einem weichen, aber nicht klebrigen Teig verkneten. Bei Bedarf noch etwas Mehl einarbeiten. Von dem Teig knapp walnussgroße Portionen abnehmen und zwischen den Händen zu Röllchen formen, die an den Enden spitz zulaufen.

3 In einem großen Topf reichlich Wasser zum Kochen bringen und salzen. Die Hälfte der Schupfnudeln hineingeben und garen, bis sie an die Oberfläche steigen. Die Schupfnudeln mit dem Schaumlöffel vorsichtig herausheben, abtropfen lassen, nebeneinander auf ein Küchentuch legen und abkühlen lassen. Übrige Schupfnudeln ebenso garen und abkühlen lassen.

4 In einer großen Pfanne die Butter zerlassen, den Mohn dazugeben und ca. 1 Min. garen. Die Schupfnudeln in der Mohnbutter schwenken, auf Teller verteilen, großzügig mit Puderzucker bestäuben und heiß servieren.

GU CLOU

Weil der Kartoffelteig ohne Zucker zubereitet wird, kann man die Schupfnudeln auch prima als pikantes Hauptgericht servieren. In diesem Fall eventuell etwas mehr Salz in den Teig geben und die Schupfnudeln in Butter oder Butterschmalz braten. Dazu schmecken Sauerkraut oder Rahmschwammerl.

Für 4 Personen • 30 Min. Zubereitung • Pro Portion ca. 615 kcal, 19 g E, 34 g F, 59 g KH

KAISERSCHMARRN 🍃

LOCKER-LUFTIGER GENUSS

50 g Butter
6 Eier (M)
1 Prise Salz
250 g Mehl
250 ml Milch
3 EL Butterschmalz
2 EL brauner Zucker
Puderzucker zum Bestäuben

IDEALE BEGLEITUNG
Dazu schmeckt Apfelmus oder
Zwetschgenkompott.

1 Die Butter würfeln, bei niedriger Hitze schmelzen und anschließend wieder abkühlen lassen. Die Eier trennen. Die Eiweiße mit dem Salz zu steifem Schnee schlagen.

2 Das Mehl in eine Schüssel sieben und nach und nach die Milch, die Eigelbe sowie die flüssige Butter unterrühren. Zum Schluss den Eischnee unterheben.

3 Das Butterschmalz in einer großen Pfanne erhitzen. Den Teig eingießen, er sollte ca. 1 cm hoch sein, und bei mittlerer Hitze ca. 5 Min. backen, bis die Unterseite goldbraun und fest und auch die Oberfläche nicht mehr ganz flüssig ist. Den Pfannkuchen auf einen ausreichend großen Teller gleiten lassen, mit der ungebackenen Seite nach unten vorsichtig zurück in die Pfanne geben. Die Masse weitere 2–3 Min. backen, bis auch diese Seite leicht gebräunt ist.

4 Anschließend den Pfannkuchen mit zwei Holzspateln in Stücke reißen. Den Zucker untermischen und die Teigstücke unter gelegentlichem Rühren weiterbraten, bis sie goldbraun sind und leicht glänzen. Den Kaiserschmarrn auf eine Platte geben, mit Puderzucker bestäuben und am besten sofort servieren.

Für 4 Personen • 50 Min. Zubereitung • 45 Min. Backen • Pro Portion ca. 620 kcal, 10 g E, 26 g F, 86 g KH

APFELSTRUDEL 🍃

AUSSEN HERRLICH KNUSPRIG, INNEN SCHÖN SAFTIG

200 g Mehl
1 Prise Salz
1 Eigelb (M)
2 EL Öl
1 kg säuerliche Äpfel
1 EL Zitronensaft
80 g Zucker
½ TL Zimtpulver
200 g saure Sahne
60 g flüssige Butter

AUSSERDEM
Mehl zum Arbeiten

1 Für den Strudelteig Mehl und Salz in einer Schüssel mischen. Eigelb, Öl und 60 ml lauwarmes Wasser untermengen. Alles zu einem glatten, geschmeidigen Teig verkneten und bei Bedarf noch 1 EL Wasser einarbeiten. Den Teig in ein Tuch gehüllt an einem warmen Ort ca. 30 Min. ruhen lassen. Äpfel schälen, vierteln, entkernen, in dünne Spalten schneiden und mit dem Zitronensaft vermengen. Zucker und Zimt mischen.

2 Den Strudelteig auf einem großen bemehlten Tuch möglichst dünn ausrollen, dann über den Handrücken hauchdünn ausziehen. Den Backofen auf 180° vorheizen. Ein Backblech mit Backpapier belegen. Strudelteig mit flüssiger Butter bestreichen, Äpfel darauf verteilen, dabei ringsum einen ca. 2 cm breiten Rand frei lassen. Mit dem Zimtzucker bestreuen, die saure Sahne in Klecksen darauf verteilen. Die Teigränder über die Füllung nach innen schlagen, den Teig mithilfe des Tuches aufrollen und auf das Blech gleiten lassen. Strudel mit Butter bepinseln und im Ofen (Mitte) in ca. 45 Min. goldbraun backen. Der Strudel schmeckt warm, lauwarm oder kalt.

REGISTER

Vegetarische Rezepte, die im Buch mit einem ◭ gekennzeichnet sind, sind hier grün abgesetzt.

Abkürzungsverzeichnis:
E = Eiweiß
EL = Esslöffel
(gestrichen)
F = Fett
kcal = Kilokalorien
KH = Kohlenhydrate
Msp. = Messerspitze
Pck. = Päckchen
TK = Tiefkühl
TL = Teelöffel
(gestrichen)
Ø = Durchmesser

LIEBE LESERINNEN UND LESER,

wir wollen Ihnen mit diesem Buch Informationen und Anregungen geben, um Ihnen das Leben zu erleichtern oder Sie zu inspirieren, Neues auszuprobieren. Wir achten bei der Erstellung unserer Bücher auf Aktualität und stellen höchste Ansprüche an Inhalt und Gestaltung. Alle Anleitungen und Rezepte werden von unseren Autoren, jeweils Experten auf ihren Gebieten, gewissenhaft erstellt und von unseren Redakteur*innen mit größter Sorgfalt ausgewählt und geprüft.

Haben wir Ihre Erwartungen erfüllt? Sind Sie mit diesem Buch und seinen Inhalten zufrieden? Wir freuen uns auf Ihre Rückmeldung. Und wir freuen uns, wenn Sie diesen Titel weiterempfehlen, in Ihrem Freundeskreis oder bei Ihrem Online-Kauf.

Sollten wir Ihre Erwartungen so gar nicht erfüllt haben, tauschen wir Ihnen Ihr Buch jederzeit gegen ein gleichwertiges zum gleichen oder ähnlichen Thema um.

KONTAKT ZUM LESERSERVICE

GRÄFE UND UNZER VERLAG
Grillparzerstraße 12
81675 München
www.gu.de

IMPRESSUM

© 2022 GRÄFE UND UNZER VERLAG GmbH, Postfach 860366, 81630 München

GU ist eine eingetragene Marke der GRÄFE UND UNZER VERLAG GmbH, www.gu.de

ISBN 978-3-8338-8476-4
1. Auflage 2022

Projektleitung: Dr. Maria Haumaier
Lektorat: Katrin Wittmann
Korrektorat: Anne-Sophie Zähringer
Gesamtgestaltung: independent Medien-Design, München
Umschlaggestaltung: ki36 Editorial Design, Sabine Krohberger, München
Herstellung: Renate Hutt
Satz: Eberl & Koesel Studio GmbH
Reproduktion: medienprinzen GmbH
Druck und Bindung: Firmengruppe APPL, aprinta druck, Wemding
Printed in Germany

GRÄFE UND UNZER

Ein Unternehmen der
GANSKE VERLAGSGRUPPE

DIE AUTORIN

Cornelia Schinharl, vielfach ausgezeichnete Foodjournalistin und Kochbuchautorin, gibt seit vielen Jahren ihren großen Erfahrungsschatz an ihre Leserinnen weiter. Für dieses Buch hat sie ihre Lieblingsrezepte aus der bayerischen Heimat zusammengestellt.

DER FOTOGRAF

Mathias Neubauer, Foodfotograf und Grafikdesigner, hat in seinem Studio in Seligenstadt zusammen mit Andreas Neubauer (Foodstyling) die Klassiker der bayerischen Küche wunderbar in Szene gesetzt.

Bildnachweis:

Mathias Neubauer: S. 06-59 und Stepfotos auf den Klappen
Coco Lang: S. 01, 05 und Stillleben auf den Klappen
Jan Brettschneider: Cover
Pete A. Eising: S. 04 Autorenfoto

Umwelthinweis:

Nachhaltigkeit ist uns sehr wichtig. Der Rohstoff Papier ist in der Buchproduktion hierfür von entscheidender Bedeutung. Daher ist dieses Buch auf PEFC-zertifiziertem Papier gedruckt. PEFC garantiert, dass ökologische, soziale und ökonomische Aspekte in der Verarbeitungskette unabhängig überwacht werden und lückenlos nachvollziehbar sind.

Syndication: www.seasons.agency

Die GU-Homepage finden Sie unter www.gu.de

APPETIT AUF MEHR?

ISBN 978-3-8338-8290-6

ISBN 978-3-8338-8448-1

ISBN 978-3-8338-8416-0

ISBN 978-3-8338-7076-7

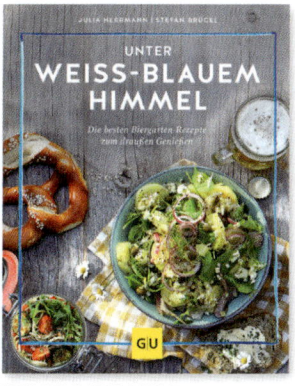

ISBN 978-3-8338-8436-8

ISBN 978-3-8338-6618-0

 Alle hier vorgestellten Bücher
sind auch als eBook erhältlich.

Mehr von GU auf **www.gu.de** und f **facebook.com/gu.verlag**

DIE »GU KOCHEN PLUS«-APP

 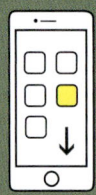

1 APP HERUNTERLADEN

Laden Sie die kostenlose »GU Kochen Plus«-App im Apple App Store oder im Google Play Store auf Ihr Smartphone. Starten Sie die App und wählen Sie Ihren Küchenratgeber aus.

2 REZEPTBILD SCANNEN

Scannen Sie das gewünschte Rezeptbild mit der Kamera Ihres Smartphones. Klicken Sie im Display die Funktion Ihrer Wahl.

3 FUNKTIONEN NUTZEN

Sammeln Sie Ihre Lieblingsrezepte. Speichern und verschicken Sie Ihre Einkaufslisten. Oder nutzen Sie den praktischen Supermarkt-Finder und den Rezept-Planer.